낙심하는 사람들을 위한 격려

개혁된실천사
기독교 고전 소책자

01 낙심하는 사람들을 위한 격려
찰스 스펄전 지음 | 조계광 옮김

02 세상 사랑을 몰아내는 새 애정의 힘
토머스 찰머스 지음 | 조계광 옮김

03 우리 주님의 감정 생활(근간)
B. B. 워필드 지음

04 그리스도인의 자유(근간)
마르틴 루터 지음

05 십자가는 무엇을 성취하였나(근간)
J. I. 패커 지음

Encouragement for the Depressed
Crossway Short Classics Series

Published by Crossway
a publishing ministry of Good News Publishers
Wheaton, Illinois 60187, U.S.A.

This edition published by arrangement
with Crossway through rMaeng2, Seoul, Republic of Korea.

낙심하는 사람들을 위한 격려

지은이 찰스 H. 스펄전
옮긴이 조계광
초판 발행 2023. 6. 2.
등록번호 제2018-000357호
등록된 곳 서울특별시 강남구 선릉로107길 15, 202호
발행처 개혁된실천사
전화번호 02)6052-9696
이메일 mail@dailylearning.co.kr
웹사이트 www.dailylearning.co.kr

책값은 뒤표지에 있습니다.
ISBN 979-11-89697-43-3 03230

기독교 고전 소책자 01

낙심하는 사람들을 위한 격려

Encouragement for the Depressed

찰스 H. 스펄전 지음 | 조계광 옮김
랜디 알콘 서문

개혁된실천사

목차

서문 9

시리즈 서문 19

찰스 스펄전의 생애 25

낙심하는 자들을 위한 격려 29

사역자의 의기소침 69

서문

성경 외에 내게 가장 큰 영향을 미친 사람이 있다면, 바로 찰스 스펄전이다. 그는 놀라울 정도로 깊은 성경적 통찰력을 지녔다. 은혜와 진리가 충만한 데다 뛰어난 수사력까지 겸비한 그의 설교와 글은 항상 나를 그리스도께로 인도한다.

스펄전은 생전에 거의 1억 명에 가까운 사람들에게 말씀을 전했다. 그는 일주일에 열 차례나 말씀을 전할 때가 많았다. 그가 전한 3,561편의 설교가 63권의 책에 수록되었고, 그가 직접 쓴 책들도 많다.

매우 놀라운 업적이지만, 그의 삶을 바쁘게 만든 그런 일들은 우울증을 극복하는 데 도움을 주었을 것이 틀림없다. 무엇보다도 그는 하루에 열여덟 시간씩 일할 때가 잦았다.

스펄전은 성경에서 큰 위안을 얻었다. 부피가 큰 《다윗의 보고(寶庫)》라는 그의 주석이 암시하는 대로, 그는 특히 시편을 좋아했다. 스펄전이 익히 알고 있었던 대로, 하나님의 말씀은 다른 어떤 사람의 말보다 훨씬 더 큰 가치를 지닌다. 하나님은 "내 입에서 나가는 말도…헛되이 내게로 되돌아오지 아니하고 나의 기뻐하는 뜻을 이루며 내가 보낸 일에 형통함이니라"(사 55:11)라고 말씀하셨다. 이것은 우리나 스펄전의 말이 아닌 하나님의 말씀만 그렇다는 뜻이다. 큰 비판에 직면한 스펄전은 자신의 설교와 글을 성경에 일치시키려고 힘써 노력했다. 우리가 그의 목소리에 귀를 기울여야 하는 이유는 그가 하나님의 말씀을 충실하게 대변했을 뿐 아니라 오늘날 그의 설교나 글처럼 가치있는 것이 충분하지 못하기 때문이다.

스펄전은 또한 하나님을 강하게 신뢰하는 사람들도 우울증에 시달릴 수 있다는 점을 상기시켜준다. 이것은 우울증을 경험한 적이 없는 사람들에게는 실망스러운 일일지 모르지만, 그런 경험이 있는 사람들에게는 많은 위로를 준다.

나도 지금까지 살아오면서 이따금 우울증을 겪었다. 몇 년 전에 뚜렷한 이유 없이 내게 우울증의 먹구름이 몰려왔다. 우울증은 날마다 잠시도 내게서 떠나지 않았다. 나는 그 당시에 나보다 훨씬 더 심한 우울증에 시달렸던 스펄전의 통찰력을 통해 큰 도움을 얻었다. 나는 나의 우울증에 관한 이야기를 블로그에 올렸고, 내가 이 책에서 발견한 스펄전의 말을 몇 문장 공유했다.

그 후로 많은 사람이 내게 편지를 보내 하나님이 스펄전의 통찰력을 통해 자신들의 우울증을 다루어주신 사연을 전해주었다. 나중에 스펄전과 그가 겪었던 고초에 관한 이야기를 블로그에 올렸더니 다음과 같은 댓글이 달렸다. "또다시 기분이 좋지 않아 매우 우울했습니다. 심지어 위대한 영적 지도자들도 그렇게 큰 고통을 겪었다니 참 놀랍네요. 고통이 거의 쉬지 않고 엄습해오지만 그런 사실을 알고 나니 희망이 생깁니다. 감사합니다. 정말로 큰 격려가 되었습니다. 제게 꼭 필요했던 것이었습니다."

스펄전은 우울증으로 고통을 겪었던 자신의 경험이 거의 2세기가 지난 후에 하나님의 백성을 위로하는 원천이 될 것이라고 과연 짐작이나 했을까 (누가 우리의 고통이나 통찰력을 통해 위로를 받고 있고, 또 앞으로 위로를 받게 될 것인지는 영원한 세상에 들어갈 때까지는 전혀 알 수 없을 것이다)? 나는 하나님이 이 작은 책에 실린 스펄전의 말을 통해 우울증에 시달리는 많은 신자들을 격려하실 것이라고 확신한다.

스펄전은 "나는 극심한 질병과 거의 절망에 가까운 무서운 우울증에 시달린 적이 많다. 나는 매년 인간의 육신, 아니 최소한 나의 육신으로는 피로감을 감당할 수가 없어서 한동안 일을 하지 못하고 쉬어야 했다. 그러나 나는…내게 고통이 필요했고, 또 유익한 결과를 가져다주었다고 믿는다."라고 말했다.[1]

일평생 심한 육체적 고통을 많이 겪었던 사람이 그렇게 말했다. 그의 사랑하는 아내 수잔나가 수십 년간 병상에 누워 지내는 동안, 스펄전은 천연두를

1. 1879년 5월 19일에 스펄전이 행한 연설에 나오는 구절로서 Ernest LeVos, *C. H. Spurgeon and the Metropolitan Tabernacle* (iUniverse, 2014), 48에 인용되어 있음.

앓았을 뿐 아니라 통풍, 류머티즘, 브라이트 병(신장염)으로 고통을 겪었다. 그의 건강은 서서히 더욱 나빠졌기 때문에 그의 생애 마지막 22년의 3분의 1에 해당하는 기간에는 강단에 서지 못했다. 그런 육체적인 어려움은 그의 감정에 큰 해를 입혔다.

스펄전이 스물두 살이었을 때 오랫동안 그를 괴롭혔던 불행한 일이 일어났다. 당시에 그는 그의 교회의 수용 능력이 충분하지 않았기 때문에 '로얄 서리 가든스 음악당'에서 설교를 했다. 1만 명을 수용할 수 있는 음악당 안으로 그보다 훨씬 더 많은 군중이 밀려 들어왔다. 누군가가 '불이야!'라고 소리쳤다. 실제로 불은 나지 않았지만, 사람들이 우르르 몰려 나가면서 많은 사람이 다치고, 일곱 명이 목숨을 잃는 참사가 빚어졌다. 스펄전은 그로부터 몇 년 뒤에 그 끔찍한 사건 때문에 "거의 정신 착란을 일으킬 지경에 이르렀다"고 말했다.[2]

그러나 스펄전은 큰 고통이 하나님께 더 가까이 나아가는 계기가 되었다는 것을 알았다. 그는 목회자들과 학생들을 상대로 한 강연에서 "아마도 하나님이 세상에서 우리에게 베푸실 수 있는 가장 큰 축복은 건강이 아닌 질병일 것입니다…만일 내가 아는 어떤 사람들이 한 달 동안 류머티즘을 앓는 은혜를 입는다면, 그들은 하나님의 은혜로 인해 놀랍도록 온유해질 것입니다."라고 말했다.[3]

본문의 내용을 통해 알게 되겠지만, 스펄전은 목회 사역에 관해 이렇게 말했다.

우리의 사역을 진지하게 행하면 우울한 감정의

---

2. Charles Spurgeon, *Great Preaching on the Deity of Christ*, comp. Curtis Hutson (Murfreesboro, TN: Sword of the Lord, 2000), 206에 인용되어 있음.
3. Charles Spurgeon, *An All-Round Ministry* (Edinburgh: Banner of Truth, 1960), 384.

공격에 노출되기 쉽다. 영혼들의 무게를 감당하는 사람들 가운데 이따금 땅바닥까지 낮아지는 듯한 느낌을 받지 않을 사람이 누가 있겠는가? 사람들이 회심하기를 간절히 염원하다가 그런 열망이 온전히 채워지지 않으면 우리의 영혼은 걱정과 실망으로 고갈되게 된다. 희망이 있는 사람들이 길을 잘못 들어서거나 경건한 자들이 냉랭해지거나 죄인들이 더 대담하게 죄를 짓거나 선생들이 특권을 남용하는 것을 보면, 마치 철저하게 짓이겨지는 듯한 느낌이 든다…주일 저녁에 생명이 우리에게서 빠져 나가는 듯한 느낌이 들 때가 얼마나 많은가! 교인들에게 우리의 영혼을 다 쏟아붓고 난 뒤에는 어린아이조차 쉽게 깨뜨릴 수 있는 텅 빈 토기와 같은 느낌이 들곤 한다.

그는 또한 "안락하고, 편안하고, 행복한 때에 내가 받은 모든 은혜가 한 푼의 가치도 없게 될까 봐 두렵다. 그러나 내가 슬픔과 고통과 불행을 통해 얻은 유익은 헤아릴 수 없이 많다…고난은…목회자의 서재에 있는 가장 훌륭한 책이다."라고 말했다.[4]

스펄전도 바울 사도처럼 "근심하는 자 같으나 항상 기뻐하는" 자였다(고후 6:10). 그는 이 책의 거의 마지막 부분에서 "용광로와 망치와 줄을 허락하신 하나님께 영광을 돌려야 한다. 하늘은 우리가 이 세상에서 고통으로 가득한 삶을 살았기 때문에 더할 나위 없이 행복할 것이고, 땅은 우리가 고난의 학교에서 훈련을 받았기 때문에 더할 나위 없이

---

4. Charles Spurgeon, Darrel W. Amundsen, "The Anguish and Agonies of Charles Spurgeon," in *Christian History* 29, no. 1 (1991): 25에 인용되어 있음.

잘 경작될 것이다."라고 말했다.

하나님의 말씀에 충실했고, 순전한 인격을 지녔으며, 자신의 약점들을 솔직하게 털어놓았고, 유쾌할 때나 암울할 때나 항상 하나님을 향한 식을 줄 모르는 열정을 보여준 스펄전에게 감사하고 싶다. 주권자이신 주님이 자신의 종을 통해 우리를 격려하신다. 그는 아벨처럼 죽었으나 (주님 앞에서 온전히 살아서) 생명을 주는 말씀과 모범적인 삶을 통해 지금도 여전히 말하고 있다(히 11:4).

하나님이 우리에게 들을 귀를 주시고, 피로 산 약속에 충실한 왕이신 예수님이 우리의 눈에서 모든 눈물을 닦아주실 날을 기다리는 우리의 마음에 산 소망을 충만하게 채워주시기를 간절히 기도한다(계 21:4).

랜디 알콘,

이터널 퍼스펙티브 미니스트리스
설립자이자 대표

시리즈 서문

존 파이퍼는 언젠가 책이 아니라 단락이 사람을 변화시킨다고 썼다. 가장 위대하고 가장 강력한 기독교 메시지 중 일부는 가장 간결하고 가장 손쉽게 접근할 수 있는 형태를 띤다. 고백적 기독교의 큰 물줄기 안에는 시간을 초월하는 가치를 갖는 수많은 설교, 에세이, 강의, 그리고 짧은 글들이 포함되어 있는데, 이러한 것들은 교회사 전체에 걸쳐, 그리고 전 세계에 걸쳐 수많은 신자들에게 도전과 영감을 주고, 삶의 열매를 맺게 했다.

이 시리즈는 두 가지 목적에 기여하고자 한다.

첫째, 이들 짧은 역사적 글들을 고품질의 종이책으로 보존하고자 한다. 둘째, 이들 작품들을 새로운 세대의 독자들에게 전달하고자 한다. 우리는 두꺼운 책에 별로 흥미를 느끼지 않고, 두꺼운 책을 읽지 않을 독자들을 특히 염두에 두고 있다. 오늘날 끊임없이 움직이는 세상 속에서 무언가에 집중하는 것은 점점 더 어려워지고 있다. 이런 상황 속에서 쇼트폼 콘텐츠는 특별한 가치를 지닌다. 이 시리즈의 간결한 책들은 복음 중심적인 은혜와 진리를 기민하게 제공한다. 이 시리즈는 독자들에게 영혼의 양식이 되며, 공부 의욕을 불러일으키는 대표적인 저작들을 접근가능한 형태로 제공함으로써 위대한 신앙의 영웅들을 소개해주길 희망한다.

성령께서 이 짧은 작품들을 사용하여 여러분의 주의를 사로잡아 여러분의 영혼에 복음을 알려 주시고, 여러분이 교회사의 보물 상자를 계속해서 탐구하게 되길 기도한다. 이를 통해 그리스도 안에서 하나님이 영광과 찬송을 받으시길 빈다.

찰스 스펄전의 생애

찰스 해던 스펄전(1834-1892)은 19세기의 가장 위대한 침례교 설교자이자 신학자 가운데 하나였다. 1834년 6월 19일에 영국에서 태어난 스펄전은 열다섯 살에 회심하고 참된 기독교 신앙을 갖게 되었다. 그는 주일에 궂은 날씨를 피해 한 교회에 들어갔다가 감리교 설교자가 이사야서 45장 22절("땅의 모든 끝이여 내게로 돌이켜 구원을 받으라")에 근거해 복음을 설명하는 설교를 듣게 되었다. 그는 그 후 얼마 지나지 않아 설교자로서 활동하기 시작했다. 그는 고작 열아홉 살의 나이에 런던에서 가장 큰 침례교회의 목회자로 초빙되었다.

스펄전은 진지한 개혁파 신학과 청중을 향한 열정적인 복음 메시지를 하나로 결합한 설교로 인해 런던에서 곧 유명해졌다. 그는 성경의 가르침을 남김없이 동원해, 구원의 조건을 온전히 만족시키고 충족시키는, 지극히 중요한 그리스도의 인격과 사역에 관해 증언했다. 그는 성경적인 통찰력과 신학적인 정밀함과 실천적인 권고와 격려를 적절하게 배합한 설교로 교회 역사상 가장 영향력이 크고, 높이 존경받는 설교자 가운데 하나가 되었을 뿐 아니라 '설교의 황제'라는 애칭을 얻었다.

스펄전의 사역은 강단을 뛰어넘어 멀리 확대되었다. 그는 1856년에 '목회자 대학'을 설립해 그곳에서 수백 명의 사역자를 가르치고, 지도했다. 그는 또한 출판된 설교 외에도 다수의 책을 저술했고, 많은 강연을 했다. 아마도 그의 가장 유명한 저서는 《Morning and Evening》과 《The Cheque Book of the Bank of Faith》와 같은 경건 서적일 것이다. 이밖에도 그는 세 권으로 된 시편 주석을 펴냈고, 많은 신학 논문을 발표했다. 지칠 줄 모르는 대중 신학자였던 스펄전은 자기 시대의 긴급한 종교적, 문화적 문제들을 다루었고, 신학적 정통주의와 인격적인 복음주의를 견지했을 뿐 아니라 고아들을 보살피고, 노예제도를 폐지하는 데도 힘을 보탰다.

낙심하는 자들을 위한 격려

"작은 일의 날이라고
멸시하는 자가 누구냐"(슥 4:10).

I.

스가랴는 성전 건축에 참여했다. 성전의 기초를 놓고 보니 이전의 영광스러운 솔로몬 성전과 비교할 때 너무나도 초라해 보이는 듯한 인상을 받았다. 성전 건축을 지지하는 친구들은 그것이 너무 작다며 애석해 했고, 반대하는 원수들은 멸시하고 비웃었다. 더욱이 친구들과 원수들 모두 그토록 작은 건축물의 완공 가능성마저 의심했다. 기초를 놓고, 벽을 조금 쌓아 올릴 수 있을지는 몰라도, 그들의 재력이나 힘은 건축 사업을 완수하기에는 너무나도 미약했다. 그것은 작은 일의 날이었다. 친구들은 두려워 떨었고, 원수들은 기뻐했다. 그러나 선지자는 그들을 모두 꾸짖었다. 그는 "작은 일의 날이라고 멸시하는 자가 누구냐?"라는 말과 두려움을 없애는 예언의 말씀으로 친구들의 불신앙과 원수들의 비웃음을 꾸짖었다.

스가랴의 질문은 두 부류의 사람들에게 위로의 말이 된다. 한 부류는 연약한 신자들이고, 다른 한 부류는 나약한 일꾼들이다. 우리의 목표는 축 처진 손을 굳세게 하고, 연약한 무릎을 일으켜 세우는 것이다.

이제 이 점을 잠시 살펴보기로 하자. 작은 일의 날에는 손과 무릎의 상태가 그럴 수밖에 없다. 아마도 여러분은 최근에 하나님의 가족이 되었을 것이다. 여러분은 몇 달 전만 해도 하나님의 일과 그분의 생명에 대해 문외한이었다. 여러분은 거듭났고, 갓난아이와 같이 연약한 상태다. 여러분은 아직 강하지 않다. 앞으로 우리 주 예수 그리스도를 아는 지식과 은혜 안에서 성장해가야 한다. 이제 시작이요 작은 일의 날이다.

지금 여러분의 **지식**은 적다. 사랑하는 형제여, 여러분은 오랫동안 성경을 배운 사람들이 아니다. 스스로가 죄인이고, 그리스도께서 구원자시라는 것을 알게 해주신 하나님께 감사하라. 이것은 귀한 지식이다. 여러분은 지금 전과 같았으면 인정하려고 하지 않았을 사실, 곧 하나님의 일에 관한 자신의 무지를 절감하고 있는 상태다. 특히 하나님의 깊은 것들을 알지 못해서 고민스러울 것이다. 다른 신자들에게는 매우 간단한 교리들도 여러분에게는 신비스럽게 보일 뿐 아니라 심지어는 우울하게 만드는 요인이 된다. 여러분은 아직 그것들을 이해할 수 없다. 그것들은 아직 이빨이 나지 않은 어린 아이에게 주어진 단단한 견과와 같다.

그러나 그렇다고 해서 조금도 놀랄 필요가 없다. 성숙한 신자들도 한때는 어린아이였다. 지식을 가지고 태어난 것처럼 보이는 사람들, 곧 그리스도 안에서 매우 빠르게 성장하는 그리스도인들이 있다. 그러나 그런 사람들은 어쩌다 하나씩 발견될 뿐이다. 이스라엘에서 날마다 삼손과 같은 사람이 태어난 것은 아니었다. 사람들은 대부분 오랜 영적 유아기와 유년기를 거쳐야 한다. 심지어는 지금도 교회 안에서 '아비'로 일컬을 만한 사람들이 거의 없다. 따라서 여러분의 지식이 적다고 하더라도 이상한 것이 아니다.

여러분의 **분별력**도 미미하기는 마찬가지다. 누군가가 감언이설로 여러분을 오류로 이끌 가능성이 있다. 그러나 여러분이 하나님의 자녀라면 치명적인 오류를 피하기에 충분한 분별력을 지닐 수 있다. 설혹 선택받은 사람들을 속이는 사람들이 있더라도 선택받은 사람들은 절대로 속아 넘어가지 않는다. 그 이유는 그들 안에 하나님의 생명이 있기 때문이다. 그들은 귀한 것과 천한 것을 분별할 수 있다. 그들은 세상의 것을 선택하지 않고, 하나님의 일을 추구한다.

여러분의 분별력이 너무나도 미미해 보이더라도 고민할 필요가 없다. 우리는 감각을 활용해 선한 것과 악한 것을 충분히 분별할 수 있다. 작은 분별력을 허락하신 하나님께 감사하라. 사람들이 걸어 다니는 나무처럼 보이고, 눈이 절반만 떠졌더라도 하나님께 감사하라. 빛이 전혀 없는 것보다는 조금이라도 있는 것이 더 낫다. 여러분은 완전한 암흑 상태에서 벗어난 지 얼마 되지 않았다. 지금 희미한 빛만 보이더라도 감사하라. 희미한 빛이 주어진 곳에는 한낮의 빛도 주어질 수 있다. 적당한 때가 되면 그렇게 될 것이다. 따라서 작은 분별력을 멸시하지 말라.

사랑하는 형제자매여, 여러분은 적은 **경험**을 지니고 있다. 여러분은 신병과 같은 신자이며, 경험 많은 노병과 같이 다양한 신자의 경험을 해보지 못했다. 여러분은 아직 큰 바다를 항해해 본 적이 없다. 여러분은 아직 사탄의 사나운 유혹을 겪어 본 적이 없다. 털 깎인 새끼 양에게는 아직 바람이 거세게 불지 않는다. 하나님은 가느다란 줄 위에 무거운 무게추를 걸어놓지 않으신다. 그분은 연약한 등에는 작은 짐을 지워주신다. 그렇게 해주시는 것을 감사하라. 여러분이 지닌 경험을 감사히 여기고, 더 많은 경험을 하지 못했다고 해서 실망하지 말라. 때가 되면 다 잘 될 것이다.

작은 일의 날을 멸시하지 말라. 어떤 사람의 전기를 읽고 나서 "나는 이 선한 사람처럼 느끼지 못하니 잘 될 수가 없을 거야."라고 말하는 것은 지혜롭지 못하다. 열 살 된 어린아이가 할아버지의 일기장을 읽고 나서 "나는 할아버지처럼 쇠약하지도 않고, 안경을 사용하거나 지팡이를 짚을 필요가 없으니까 같은 가족이 아닌 것이 분명해."라고 말한다면, 그것은 매우 어리석은 추론이 아닐 수 없을 것이다. 여러분의 경험은 시간이 흐르면 원숙해질 것이다. 잠시 기다리면서 지금 가지고 있는 것을 감사히 여겨야 한다.

그런 것보다 여러분을 더 많이 고민스럽게 만드는 것이 하나 있을 것이다. 그것은 바로 여러분이 작은 **믿음**을 지니고 있다는 것이다. 여러분의 감정이 변동이 심한 이유는 믿음이 작기 때문이다. 나는 신앙생활을 처음 시작한 초심자들에게서 "한 달 전에는 행복했는데 지금은 그런 행복감이 느껴지지 않아요."라는 말을 종종 듣는다. 하나님의 집에 발을 들여놓은 후, 내일은 유쾌할 테지만 그다음 날에는 기쁨이 사라질지도 모른다. 사랑하는 그리스도인 친구들이여, 감정에 이끌리는 삶을 살지 않도록 조심하라. 존 번연은 '감정 씨'를 맨소울 성의 최고의 원수 가운데 하나로 간주했다. 번연은 그가 교수형을 당했다고 말했던 것 같다. 그런데 오늘날에도 그를 흔히 마주칠 수 있다 보니 마치 그가 모종의 방법을 동원하여 사형집행자에게서 벗어난 것 아닌가 하는 생각이 들기도 한다. 그는 하나님의 백성에게 더할 나위 없는 큰 슬픔을 안겨주고, 사람들의 영혼을 극히 미워하는 악당이다.

감정에 이끌려 사는 사람은 오늘은 행복하고, 내일은 불행하다. 구원이 우리의 감정에 의존한다면 우리는 어느 날은 구원받고, 어느 날은 구원을 잃을 수 있다. 감정은 날씨만큼 변덕스럽고, 기압계처럼 오르락내리락한다. 우리는 믿음으로 살아야 한다. 믿음이 연약하더라도 하나님께 감사하

라. 연약한 믿음도 믿음이다. 연약한 믿음도 참된 믿음이다. 그리스도 예수를 믿는다면 믿음이 겨자씨만큼 작더라도 여러분은 능히 구원받을 수 있을 뿐 아니라 서서히 자라나 더욱 강해진다. 다이아몬드는 어떠하더라도 다이아몬드다. 가장 작은 다이아몬드 조각도 '코이누르'와 똑같은 성질을 지니고 있다.[1] 작은 믿음을 지닌 사람도 믿음을 지니고 있기는 마찬가지다. 구원에 필요한 믿음은 큰 믿음이 아니라 영혼을 그리스도에게 연합시켜 구원받게 만드는 믿음이다.

따라서 믿음이 강하지 않다고 슬퍼하지 말고, 믿음을 조금이라도 지니게 된 것을 감사히 여기라.

---

1. 105.6 캐럿짜리 다이아몬드인 '코이누르'(빛의 산이라는 뜻)는 세계에서 가장 큰 커팅된 다이어몬드로서 영국의 왕관에 사용된 보석들 중 하나이다.

하나님이 여러분에게 주신 믿음을 여러분이 멸시한다면, 하나님은 여러분에게 더 큰 믿음 주기를 꺼리실 것이다. 작은 믿음을 소중히 여기라. 여러분이 작은 믿음을 기쁘게 생각하고 그것에 감사한다면, 하나님은 그것을 더욱 크고, 많게 만들어 온전한 구원의 확신에 이르게 하실 것이다.

여러분의 불평은 이것이 전부가 아닐 것이다. 여러분은 **다른 은혜들**도 너무 작다고 불평할 것이 틀림없다. 여러분은 "나는 인내심이 너무 부족해. 나는 조금만 고통스러우면 짜증내기 시작해. 내가 불평하지 않고 고통을 잘 감당할 수 있었으면 좋겠어. 나는 용기도 너무 작아. 누가 내게 그리스도에 관해 물으면 얼굴이 붉어져. 세상 앞에서는 고사하고, 몇 사람 앞에서도 그리스도를 믿는다고 고백하기가 어려워. 나는 정말로 연약하기 짝이 없어."라고 말한다. 무슨 말인지 잘 안다. 세월이 흐른 덕분에 강해졌지만, 아직도 그런 덕성을 갖추지 못한 사람들을 더러 알고 있다. 물론, 믿음이 약하면 나머지도 약할 수밖에 없다. 뿌리가 약한 식물은 줄기도 약하고, 열매도 약하기 마련이다. 믿음이 약하면 전체가 다 약하다.

더 큰 믿음과 더 큰 은혜, 즉 더 강한 은혜를 구해야 한다고 해서 여러분이 지금 가지고 있는 은혜를 멸시해서는 안 된다. 지금 가지고 있는 그것을 허락하신 하나님께 감사하고, 은혜가 천 배로 불어나서 하나님의 은혜의 영광을 찬미할 수 있게 해달라고 기도하라.

II.

지금까지 작은 일의 날을 지나는 사람들에 관해 말

하였다.

본문은 "작은 일의 날이라고 **멸시하는 자가 누구냐**"라고 말씀한다. 이 말씀 안에는 큰 위로가 간직되어 있다. 즉 **성부 하나님**은 작은 일을 멸시하지 않으신다. 그분은 작은 은혜, 작은 사랑, 작은 믿음을 지닌 여러분을 유심히 바라보신다. 그분은 여러분을 멸시하지 않으신다. 하나님은 항상 연약한 신자의 곁에 계신다. 만일 젊은이가 혼자서 목초지를 지나가는 것을 본다면, 나는 조금도 놀라지 않을 것이고, 그의 아버지가 어디에 있나 주위를 둘러보지도 않을 것이다. 그러나 오늘 나는 집에 가는 길에 아주 작은 어린아이, 곧 예쁘장한 어린 소녀가 목초지에 있는 것을 보고, "저 아이의 아버지나 어머니가 근처 어딘가에 있을 거야."라고 생각했다. 내 생각대로 내가 미처 발견하지 못한 아이의 아버지가 한 나무 뒤에 서 있었다. 그 아이는 그곳에 홀로 있지 않았다. 나는 연약하고 어린 하나님의 자녀를 볼 때면, 성부께서 새로 태어난 연약한 자녀를 근처에서 깨어 있는 눈으로 지켜보고, 은혜롭게 보살피신다고 확신한다. 우리가 하나님의 약속을 의지하면, 그분은 우리를 멸시하지 않으신다. 성경은 하나님이 겸손히 회개하는 자를 멸시하지 않으신다고 말씀한다.

위로가 되는 또 하나의 은혜로운 생각은 **성자 하나님**이 작은 일의 날을 멸시하지 않으신다는 것이다. "그는…어린 양을 그 팔로 모아 품에 안으시며"(사 40:11)라는 말씀대로, 예수 그리스도께서는 여러분을 멸시하지 않으신다. 우리는 우리가 가장 소중히 여기는 것을 가슴에 꼭 품는다. 이것이 예수님이 하시는 일이다. 아마도 우리 가운데는 어린 양의 상태보다 더 크게 자란 사람들이 있을 테지만, 구주의 품이라는 하늘의 유모차를 타려면 다시 돌아가서 어린 양이 되어야 할 것이다. 그분은 작은 일의 날을 멸시하지 않으신다.

아울러, **성령**께서 작은 일의 날을 멸시하지 않으신다는 것을 생각해도 똑같은 위로를 받을 수 있다. 성령께서는 우리의 마음속에 겨자씨를 심어주고 나서 그것이 나무가 될 때까지 보살피신다. 그분은 은혜의 자녀가 갓 태어나는 것을 지켜보고 나서 그리스도 예수 안에서 장성한 사람이 될 때까지 보살피신다. 복되신 성삼위 하나님은 연약한 신자를 멸시하지 않으신다. 연약한 신자들이여, 이것으로 위안을 얻으라.

그렇다면 작은 일의 날을 멸시하는 자는 누구일까? 아마도 사탄은 우리의 귀에 대고 "네가 가진 그런 작은 은혜는 가치가 없어. 너와 같은 하찮은 식물은 뿌리째 뽑힐 거야."라고 속삭일 것이다. 사탄은 거짓말쟁이다. 왜냐하면 그 자신도 사실은 작은 일의 날을 명시하지 않으며, 그리스도께 막 나온 사람들을 항상 공격하기 때문이다. 그는 사람들의 영혼이 죄책감으로 약간의 상처를 입는 것을 보거나 마음으로 기도하기 시작하는 것을 보면 그 즉시 이전보다 더 거센 유혹으로 공격을 가한다. 사탄은 그런 사람을 자살하도록 부추기거나 이전보다 더 큰 죄를 짓도록 유도한다.

> 사탄은 가장 연약한 신자가 무릎을 꿇고 기도하는 것을 보면 크게 두려워한다.[2]

사탄은 우리 안에 있는 작은 은혜가 아무런 가치가 없다고 말하지만, 그는 산꼭대기에도 곡식이 풍

---

2. 윌리엄 쿠퍼의 찬송가 "What Various Hindrances We Meet"(1779)에서 인용함.

성하고, 그 열매가 레바논 같이 흔들릴 것을 잘 알고 있다(시 72:16 참조). 다시 말해, 그는 신자의 마음 속에 있는 작은 은혜가 세상에 있는 자신의 왕국을 뒤엎을 수 있다는 것을 익히 알고 있다.

여기에서 어떤 사람들은 "아, 그러나 나는 최근에 나를 멸시하는 **친구들** 때문에 몹시 괴로워요. 나는 내가 신자라고 자신 있게 말할 수는 없어도 하나님을 향한 열망을 어느 정도 가지고 있기 때문이에요."라고 말할지도 모른다. 그들은 어떤 친구들인가? 속된 세상 친구들인가? 그렇다면 그들이 말하는 것에 조금도 신경 쓰지 말라. 만일 내가 화가이고, 소경이 내 작품을 가장 혹독하게 비판한다면 나는 조금도 개의치 않을 것이다. 그가 내 작품에 관해 무엇을 알겠는가? 불경한 사람이 여러분의 경건에 관해 말하면서 여러분의 영혼이 그릇되고, 결함이 많고, 비천하다고 비웃는다면, 하고 싶은 대로 아무 말이나 하게 놔두라. 그런 말에 영향을 받을 필요는 조금도 없다.

이렇게 말하면, "내가 하나님의 자녀가 아니라고 말하면서 나를 멸시하고, 나를 밀쳐내는 사람들은, 내가 보기에, 그리스도인들이랍니다."라고 말할 사람이 있을지도 모른다. 그런 경우에는 이렇게 하라. 첫째, 그들이 하는 말을 마음에 잘 새겨두라. 왜냐하면 하나님의 자녀들이 여러분 안에서 자녀의 증표를 발견하지 못한다면 여러분이 자녀가 아닐 수도 있기 때문이다. 여러분 자신을 철저하게 살펴보라. 사랑하는 친구들이여, 스스로 속기는 참으로 쉽다. 아마도 하나님이 여러분에게 그 사실을 일깨워 강한 자기 망상에서 구해내기 위해 자기 종들 가운데 하나를 도구로 사용하실 수도 있다. 그러나 여러분이 진정으로 구주를 신뢰하고, 하나님을 사랑하며, 기도하려는 마음이 있는데도 불구하고, 주변의 어떤 그리스도인이 여러분을 위선자처럼 생각해 가혹하게 대한다면, 그를 용서하고 인내하라. 그가 실수한 것이다. 만일 그가 여러분을 좀 더 잘 알았더라면 그렇게 하지 않았을 것이다. 마음속으로 "내 형제가 나를 잘 알지 못해도 성부께서 나를 알아주시는 것만으로 충분해. 성부께서 나를 사랑하신다면, 내 형제가 나를 냉랭하게 대할 때 비록 유감스럽기는 해도 마음 아파할 필요는 없어. 하나님의 종들이 나를 부끄러워하는 것처럼 보이니 주님을 더욱 굳게 붙잡아야 해."라고 말하라.

얼마 전까지 여러분이 어떤 사람이었는지를 생각한다면, 어떤 그리스도인들이 회심한 여러분을 탐탁하지 않게 여긴다고 해서 그렇게 놀랄 이유는 없을 것이다. 한 어머니가 자기 아들이 회심했다고 말하는 소리를 들었다. 그녀는 아들이 한두 달 전만 해도 저녁마다 어디에서 시간을 보냈고, 또 그의 죄의 습관이 무엇인지 잘 알고 있다. 그녀는 아들이 진정으로 회심했기를 바라지만, 그가 주제넘은 생각을 하지 않도록 주의를 기울인다. 그녀는 기뻐하면서도 두려워한다. 그녀는 아들에게 자신의 기쁨보다는 두려움에 관해 더 많이 말한다.

초대 교회 신자들은 처음에는 사울이 회심했다고 믿기가 어려웠을 것이다. 그러나 그는 결국 교회 앞에 이끌려 나와 신자들의 영접을 받았다. 당시의 상황을 한 번 상상해 보자. 그가 교회 앞에 나오기 전에 장로들과 마주했을 때, 아마도 그들 가운데 한 사람은 "이 젊은이는 하나님의 은혜를 어느 정도 알고 있는 듯하오. 그에게 변화가 일어난 것이 틀림없소. 그가 자신이 박해하던 사람들과 합류하기를 원한다니 참으로 놀라운 일이요. 그러나 이것은 한순간의 충동일지도 모르오. 그는 결국에는 다시 과거에 함께 어울렸던 사람들에게로 돌아

갈 가능성이 있소이다."라고 말했을지도 모른다.

그들이 그렇게 말하는 것이 이상하게 들리는가? 나는 그렇지 않다. 나는 조금도 놀랍지 않다. 부당하게 의심을 하는 것이나 하나님의 참된 자녀가 의심을 받는 것은 유감스러운 일이지만, 그런 말을 너무 심각하게 받아들일 필요는 없다. 앞서 말한 대로, 성부께서 여러분을 알아주신다면 형제들이 그렇게 하지 않는다는 사실에 지나치게 마음 아파할 필요는 없다. 하나님이 작은 일의 날을 멸시하지 않으신다는 것을 기쁘게 생각하라.

'작은 일'과 같은 상태에 머물러 있는 여러분에게 내가 꼭 당부하고 싶은 말은 **여러분 자신**도 작은 일의 날을 멸시해서는 안 된다는 것이다. 이렇게 말하면, "우리가 어떻게 그럴 수가 있겠어요?"라고 말할지도 모른다. 그러나 낙심하면 그렇게 될 수 있다. 전에는 여러분에게 작은 믿음이 주어졌다는 말을 들었으면 기뻐서 펄쩍 뛰었을 테지만, 지금은 작은 믿음을 가졌어도 기뻐하기는커녕 한숨을 내쉬며 슬퍼하며 괴로워한다. 그래서는 안 된다. 달빛을 감사하게 여기면 햇빛을 받게 될 것이고, 햇빛을 감사하게 여기면 '일곱 날의 빛'과 같은 하늘의 빛을 받게 될 것이다(사 30:26 참조). 하나님이 여러분에게 주신 은혜를 멸시하지 않으려면 낙심하지 않아야 한다.

너무나도 무기력하고, 연약해서 침상에서 일어설 수조차 없었던 가엾은 환자가 마침내 지팡이를 짚고 걸을 수 있게 되었다. 그는 마음속으로 "다른 사람들처럼 자유롭게 걸을 수 있고, 달릴 수 있고, 뛸 수 있으면 좋겠어."라고 말했다. 그가 그렇게 할 수 없다는 이유로 앉아서 끙끙 앓고 있다고 생각해 보라. 그를 치료하는 의원은 그의 어깨 위에 손을 얹고, "여보시오. 일어설 수 있는 것만으로 감사해야 하지 않겠소? 당신도 알다시피, 당신은 조금 전만 해도 똑바로 일어설 수조차 없었소. 지금 할 수 있는 것을 기쁘게 생각하시오. 지금 주어진 것을 멸시하지 마시오."라고 말했다. 나는 이 자리에 있는 모든 그리스도인에게 이렇게 말하고 싶다. 하나님이 이미 허락하신 것을 멸시하지 말고, 오히려 기뻐하며 그분의 이름을 찬양하라.

더 많은 것을 구하지 않음으로써 작은 일의 날을 멸시하는 잘못을 저지를 수 있다. 이상한 말처럼 들리는가? 그러나 잘 생각해 보면 조금 가진 사람이 더 많은 것을 원하지 않는 것은 적은 것을 멸시하는 것과 같다는 것을 알 수 있다. 약간의 빛을 가진 사람이 더 큰 빛을 구하지 않는다면, 그것은 빛에 전혀 관심이 없다는 증거다. 약간의 믿음을 가진 사람이 더 큰 믿음을 원하지 않는 것은 믿음을 귀하게 여기지 않는 것, 곧 그것을 멸시하는 것이다. 작은 일의 날이라고 해서 실망해서는 안 되지만, 아무것도 하지 않은 채로 가진 것에 만족해서도 안 된다. 열심히 더 많은 은혜를 구함으로써 작은 것을 귀하게 여긴다는 것을 입증해 보여야 한다.

하나님이 여러분에게 주신 은혜를 멸시하지 말고, 감사하게 여기라. 하나님의 백성 앞에서 그렇게 하는 모습을 보이라. 은혜를 받았는데 침묵하며 아무에게도 말하지 않는다면, 그것을 말할 가치가 없는 것으로 생각하고 있다는 증거다. 하나님이 여러분에게 은혜로운 일을 행하셨다는 것을 형제들에게 말하고, 자매들에게 말하고, 하나님의 가족들에게 말하라. 그러면 여러분이 그분의 은혜를 멸시하지 않는다는 것이 명백히 드러날 것이다.

이번에는 연약한 신자들 안에 있는 이 작은 일에 관해 잠시 생각해 보기로 하자. 작은 믿음도 구원

신앙이라는 사실을 잊어서는 안 된다. 작은 일의 날은 안전한 일의 날이다. 살아 있는 것들은 작게 시작한다는 것을 잊지 말라. 사람은 처음에 갓난아이로 시작하고, 정오의 햇빛은 처음에 여명으로 시작한다. 우리는 조금씩 그리스도 안에서 장성한 사람으로 성장해 나간다. 작은 일의 날은 자연스러울 뿐 아니라 앞으로 잘 되어갈 희망이 있다. 작은 일은 살아 있는 일이다. 가만히 놔두면 자라기 시작한다. 작은 일의 날은 그 나름의 아름다움과 탁월함을 지니고 있다. 내가 알고 있는 사람들 가운데는 몇 년이 지난 후에 처음의 날로 다시 돌아가고 싶어 하는 사람들도 있다.

우리 가운데 어떤 사람들은 설교를 들으려고 울타리와 도랑을 뛰어넘었던 때를 기억한다. 당시에 우리는 많은 지식을 갖지 못했다. 우리는 배우기를 갈망했다. 우리는 통로에 서서 설교 말씀을 들으면

서도 조금도 피곤한 줄 몰랐다. 지금 우리는 푹신한 의자와 안락한 장소와 너무 춥지도 않고 덥지도 않은 실내 공기를 원한다. 지금 우리는 어쩌면 사치스럽게 변해가고 있는지도 모른다. 그러나 영적 삶을 처음 시작하던 날에 우리는 거룩한 진리를 얼마나 간절히 사모했는지 모른다. 그때는 우리의 마음속에서 거룩한 불과 뜨거운 열정이 활활 타올랐었다. 물론, 그 가운데 일부는 들불, 곧 영혼의 힘과 뒤섞인 육신의 활력이었을 수도 있다. 그러나 하나님은 우리의 첫사랑을 기억하신다. 우리도 그 사랑을 잊지 말아야 한다. 어머니는 다 자란 아들을 사랑하지만, 때로는 그가 품에 안을 수 있었을 때만큼 사랑스럽지는 않다고 생각한다. 어린아이는 참으로 아름답다. 믿음이 있는 어린 양은 얼마나 아름다운지 모른다. 농부와 도축업자는 어린 양보다는 다 자란 양을 더 좋아하지만, 어린 양은 보기에 가장 사랑스럽다. 장미꽃 봉오리에는 활짝 핀 장미에게서는 찾아볼 수 없는 매력이 존재한다.

이처럼, 작은 일의 날에는 우리가 결코 멸시해서는 안 될 특별한 탁월함이 간직되어 있다. 게다가 마음속에 있는 은혜는 아무리 작아도 신성하다. 그것은 활활 타오르는 태양에서 나온 불꽃과 같다. 살아 있는 작은 믿음을 가진 사람은 신의 성품에 참여한다. 이 믿음은 신적인 기원을 갖기 때문에 영원하다. 인간의 마음속에 떨어진 가장 연약한 은혜의 불꽃이라고 해도 지옥의 귀신들은 물론, 그 누구도 꺼뜨릴 수 없다. 하나님이 여러분에게 겨자씨만한 믿음을 허락하셨다면, 온 세상과 지옥이 다 달려들어 파괴하려고 해도 그렇게 할 수 없다. 따라서 우리는 작은 일의 날을 멸시해서는 안 된다.

한마디로 요점을 간단히 말하면 이렇다. 그리스도인들이여, 아무도 멸시하지 말라. 특히 그리스도를 사랑하는 마음이 부족해 보이는 사람을 멸시하지 않도록 조심하라. 오히려 그들, 곧 작은 자들을 잘 보살펴주라. 언젠가 눈에 띄게 훌륭한 양 떼를 치는 목자에 관한 이야기를 들은 적이 있다. 그에게는 양을 잘 치는 비결이 있었다. 사람들은 종종 그에게 그의 양들이 다른 모든 양들보다 월등히 뛰어난 이유가 무엇이냐고 묻곤 했다. 그는 마침내 "나는 어린 양들에게 가장 큰 관심을 기울입니다."라는 말로 그 비결을 알려주었다. 교회의 장로들과 믿음이 성숙한 자매들이여, 주님을 오랫동안 알고 섬겨온 신자들이여, 어린 양들을 특별히 잘 돌봐주기 바란다. 만일 그들을 초창기에 잘 양육하면 영적 힘이 강해져 앞으로 선한 목자이신 주님을 기쁘시게 할 것이다. 이것이 내가 말하려는 요점이다.

III.

앞서 말한 대로, 연약한 일꾼들에게 한두 가지 당부할 것이 있다. 오늘 밤, 이곳에 많은 일꾼들이 있으니 참으로 감사하다. 그런 사람들은 스스로가 나약하다고 생각할지도 모른다. 나는 그들, 곧 연약한 일꾼들 모두에게 격려의 말을 해주고 싶다. 교회가 처음 시작할 때는 대개 규모가 작다. 작은 일의 날에는 상당한 불안과 두려움이 뒤따르기 마련이다. 이것은 새로 조직된 교회에 속한 사람들을 염두에 두고 하는 말일 수 있다. 사랑하는 형제들이여, 작은 일의 날을 멸시하지 말라. 하나님은 숫자를 보고 구원을 베풀지 않으신다. 영적인 왕국에서 결과는 숫자에 비례하지 않는다.

최근에 존 웨슬리의 올바른 생각을 배우고 싶어서 두세 명의 저자가 쓴 그의 생애에 관한 책들을 주의 깊게 읽어보고 있다. 내가 발견한 한 가지 사실은 그토록 크게 성장했던 그의 사역이 처음에는 지극히 미약했다는 것이었다. 웨슬리와 그의 초창기 동료들은 부자가 아니었다. 그와 합류한 사람들은 거의 모두 가난했다. 어느 정도 지위가 있는 사람이 간혹 있었지만, 감리교 신자들은 대부분 가난한 사람들이었다. 그의 초창기 설교자들도 교육을 받은 사람들이 아니었다. 한두 사람은 교육을 받았지만, 대다수는 그렇지 못한 옥외 설교자들이었다. 그들은 대학 교육을 받지 못했거나 능력이 특출하지 않았지만, 하나님은 성령의 능력으로 그들을 뛰어난 설교자로 만드셨다. 감리교회는 처음에는 재력도 없었고, 뛰어난 사람들도 없었으며, 숫자도 매우 적었다. 웨슬리가 살아 있는 동안, 오랜 세월이 지나도록 그 교단은 규모가 크게 증대되지 않았다. 그들은 적었고, 연약했다. 그러나 감리교는 그 첫 시작이 가장 영광스러웠다. 초창기만큼 회심이 많이 이루어진 적은 결코 없었다. 지금 이런 말을 하는 내 마음은 좀 서글프다. 감리교는 큰 교단이고, 자산도 많다. 그렇게 되어 참 기쁘다. 훌륭한 설교자들도 많다. 그렇게 되어 참 감사하다. 그러나 규모가 더 커지지도 않았고, 새로운 회심도 없다. 올해나 다른 해나 늘 그대로다. 내가 이런 말을 하는 이유는 감리교회가 예외적인 교단이기 때문이 아니다. 사실, 거의 모든 교단이 다 비슷하다. 매년 통계를 내보면 '성장이 없고, 확장이 거의 이루어지지 않았다'는 결과가 반복된다.

나는 감리교회를 하나의 사례로 언급했을 뿐이다. 우리도 조심하지 않으면 그와 똑같은 상태가 될 것이다. 자산이 없을 때는 축복을 받지만, 힘과 능력이 있는 것처럼 보일 때는 축복이 임하지 않는다. 오, 축복을 받을 수만 있다면 하나님이 우리를 곤궁하게 만들고, 아무 자산도 갖지 못하게 하고, 필요하다면 말의 능력까지 거두어 말을 더듬게 만드셨으면 좋겠다. 영혼들을 유익하게 할 수만 있다면 다른 것은 아무래도 괜찮다. 어떤 교회든 그런 바람을 지녀야 한다. "힘으로도 되지 아니하며 능력으로 되지 아니하고 오직 나의 영으로 되느니라"(슥 4:6). 작은 일의 날을 멸시하지 말고 용기를 내야 한다. 하나님은 작은 일을 통해 역사하신다. 그분은 위대한 것을 도구로 사용하지 않으실 때가 많다. 하나님은 기드온의 큰 군대를 원하지 않으셨다. 그분은 그들을 집으로 돌려보내라고 말씀하셨다. 그분은 남은 사람들을 물가로 데려가서 물을 핥아 마신 자들만 남기라고 지시하셨다. 그들의 숫자는 매우 적었다. 그들은 고작 3백 명 정도였다. 기드온은 그들을 데리고 미디안 족속과 싸우러 나갔다. 보리 떡 한 덩어리가 미디안의 장막을 쳐서 무너뜨린 것처럼, 한밤중에 울려 퍼진 "여호와와 기드온의 칼"이라는 함성이 미디안 군대를 혼비백산하게 만들었고, 마침내 주 하나님이 승리를 거두셨다. 형제들이여, 여러분의 연약함과 적은 숫자와 가난과 무능력을 염두에 두지 말라. 하나님의 뜻에 영혼의 구원을 맡기고, 힘차게 기도하고, 천국의 문을 굳게 붙들고, 뒷걸음치지 말고, 하늘과 땅을 진동시키며 영혼들을 구원하는 데 앞장서라. 그러면 깜짝 놀랄 만한 결과를 보게 될 것이다. "작은 일의 날을 멸시하는 자가 누구냐."

이번에는 그리스도인들 각자의 경우를 개별적으로 살펴보기로 하자. 우리는 모두 그리스도를 위해 일해야 한다. 그러나 우리 가운데 대다수는 위대한 일을 할 수 없다. 그러나 작은 일의 날을 멸시하지 말라. 바칠 수 있는 돈이 1펜스밖에 없는가? 헌금궤를 바라보시던 주님은 1파딩(1펜스의 4분의 1에 해당하던 영국의 옛 화폐)의 가치밖에 안 되는 과부의 헌금을 멸시하지 않으셨다. 아무리 적은 감사 헌금도 진정한 마음으로 바친다면, 주님은 그보다 백 배나 더 많은 헌금을 바친 것처럼 기쁘게 받으실 것이다. 따라서 작은 일을 하는 것을 하찮게 여기지 말라. 작은 일의 날을 멸시하지 말라. 길거리에서 전도지를 나눠주는 일밖에 할 수 없더라도 "나는 그런 일을 하지 않을 거야."라고 말하지 말라. 전도지를 나눠주고, 말씀을 전하는 일을 통해 영혼들이 구원받는다. 그것들을 뿌리라. 그것들은 좋은 씨앗이 될 것이다. 그것들이 어디에 떨어질는지 아무도 알 수 없다. 친구에게 그리스도에 관한 편지를 쓰는 일밖에 할 수 없더라도 그것을 하찮게 여기지 말라. 내일 당장 편지를 써 보내라. 놀이 친구를 잊지 말고, 그와의 친밀한 관계를 통해 그의 영혼에 관해 허심탄회한 이야기를 나누라. 편지를 써서 그의 영혼이 하나님 앞에서 어떤 상태인지를 알려 주고, 구주를 찾도록 권고하라. 누가 알겠는가? 설교는 그에게 아무 효과가 없었지만, 잘 아는 학교 친구가 보낸 편지는 그의 마음을 사로잡을지도 모른다. 집에서 두세 명의 어린 자녀를 키우는 어머니는 그들에게 영향을 미칠 수 있다. 작은 일의 날을 멸시하지 말라. 내일 그들을 데려다가 옆에 앉혀놓고 그들의 목에 팔을 두른 채로 "하나님, 제 아이들을 축복해 주세요. 이 아이들을 구원해 주세요."라고 기도하고, 그들에게 그리스도에 관해 말해 주라. 어머니는 자녀들에게 누구보다 말씀을 더 잘 전할 수 있다.

나는 내 어머니의 가르침을 결코 잊을 수 없다. 일요일 밤에 우리가 집에 있을 때면 어머니는 우리를 식탁에 앉혀놓고, 우리가 읽는 성경 말씀을 설명해 주고, 기도하셨다. 어느 날 밤, 어머니는 "내

사랑하는 자녀들아, 지금까지 너희에게 구원의 길에 관해 말했다. 그런데도 너희가 멸망한다면 그것은 정당한 일일 것이다. 너희가 정죄를 받는다면, 나는 너희의 정죄를 '아멘'으로 받아들일 수밖에 없다."라는 말로 내게 결코 잊을 수 없는 깊은 인상을 남겨주었다. 선뜻 받아들이기 어려운 말이었다. 다른 사람은 '아멘'이라고 말할 수 있겠지만 내 어머니는 그럴 수 없다는 생각이 들었다. 오, 어린아이들을 키우는 당신은 자신이 어떤 일을 할 수 있는지 모르고 있다.

이런 작은 기회들을 멸시하지 말라. 기차를 타고 다닐 때든 작업장이나 공장에 갈 때든 항상 그리스도를 전하려고 애쓰라. 그리스도인들이 자신의 색깔을 선명하게 드러낸다면, 기존의 체계에 큰 변화가 일어날 것이다. 그리스도를 위해 말하라. 그분을 부끄러워하지 말라. 한두 마디밖에 할 수 없다고 해서 아예 입을 다물지 말라. 오히려 그 말을 스무 차례 반복하라. 그러면 적은 말을 많은 말로 만들 수 있다. 미약한 타격도 거듭 반복되면 한 차례의 엄청난 타격만큼 큰 효과가 나타나기 마련이다. 하나님은 우리가 자신의 사랑하는 아들 안에서 믿음으로 행하면 작은 일도 기쁘게 받으신다. 하나님은 우리의 작은 일을 축복하고, 우리의 작은 일을 통해 더 큰 일을 할 수 있게 훈련하실 것이다. 우리의 작은 일을 통해 우리가 평생 이룰 수 있는 것보다 훨씬 더 큰 일을 할 수 있는 사람들이 생겨날 수 있다. 복음 전도자들이여, 길모퉁이에서 계속 말씀을 전하라. 초라한 하숙집을 방문하는 자들이여, 계속 그렇게 하라. 지금까지 해오던 대로 방에 들어가서 예수님에 관한 대화를 나누라. 안식일에 시골 마을에 가서 마을 광장에서 그리스도를 전하는 자들이여, 계속 그렇게 하라. 나는 그들이 주님의 일을 하고 있다는 것을 알기 때문에 그들을 보는 것도 기쁘고, 그들을 그리워하는 것도 즐겁다. 우리는 소금을 상자 속에 넣어두기를 원하지 않는다. 부패한 덩어리에 소금을 넣어 썩는 것을 방지해야 한다. 우리는 옥수수 씨앗을 통에 넣어두기를 원하지 않는다. 흩뿌려 더 많은 것을 수확해야 한다. 오, 형제자매들이여, 지금 잠을 자고 있다면 일어나라. 이 교회 안에서는 한 줌의 힘도 낭비해서는 안 된다. 일하고, 기도하고, 베풀고, 거룩한 삶을 사는 일에 단 한 톨의 능력도 헛되이 사용하면 안 된다. 작은 일의 날을 멸시하는 자가 누구냐? 조금이라도 힘이 있다면 기꺼이 사용하라. 주님은 연약한 신자들을 격려하고, 연약한 일꾼들의 노력을 기꺼이 받아줄 뿐 아니라 그리스도를 위해 그들에게 가장 풍성한 축복을 내려주신다. 아멘.

사역자의
의기소침

I.

성경에 기록된 대로, 다윗은 싸움터에서 적들과 싸우다가 기력을 상실했다(삼하 21:15 참조). 이것은 주님의 모든 종들을 위한 말씀일 수 있다. 우리는 대부분 갑자기 의기소침해지는 일을 경험한다. 우리는 대개 유쾌하게 지내지만, 이따금 실의에 빠질 수밖에 없다. 강한 자라고 해서 항상 활력이 넘치고, 지혜로운 자라고 해서 항상 기지가 뛰어나고, 용감한 자라고 해서 항상 용기가 치솟고, 즐거운 자라고 해서 항상 행복한 것은 아니다. 물론, 어떤 일이 일어나도 끄떡없는, 강철 같은 사람이 있을 수 있다. 그러나 그런 사람들도 녹이 스는 것은 피할 수 없다. 보통 사람은 한갓 먼지에 지나지 않는다. 하나님은 그런 사실을 잘 알고 계실 뿐 아니라 우리에게도 그 점을 종종 깨우쳐 주신다. 나는 가장 고통스러운 경험을 통해 깊은 우울감이 어떤 것인지를 알게 되었고, 또 그런 일을 더러 겪어 보았기 때문에 그것에 대한 내 생각을 말해 주면 어떤 형제들에게는 조금이나마 위로가 될 것이라는 생각이 들었다. 내 생각을 듣고 나면, 젊은 사람들은 한동안 우울감에 사로잡히게 되었을 때 자신들에게 이상한 일이 일어났다고 생각하지 않게 될 것이고, 슬픈 사람들은 지금까지 햇빛이 유쾌하게 내리비쳤다고 해서 항상 빛을 받으며 걸을 수 있는 것은 아니라는 점을 알게 될 것이다.

사역자들 모두는 아니더라도 대다수가 두려운 탈진 상태에 빠져든 경험이 있다는 점을 입증하기 위해 유명한 사역자들의 전기를 인용할 필요는 없다. 마르틴 루터의 생애만 살펴보아도 충분하고도 남을 것이다. 그는 결코 연약한 사람이 아니었다. 그의 위대한 정신은 일곱째 하늘까지 높이 고양되었다가도 절망에 가까운 지경까지 자주 떨어져 내렸다. 그는 임종할 때에도 격정에서 자유롭지 못했고, 기진맥진한 어린아이처럼 울먹이며 영면에 들었다. 이런 사례를 더 나열하기보다 그런 일이 일어나는 이유를 생각해 보는 것이 좋을 듯하다. 빛의 자녀들이 때로 짙은 어둠 속을 걷게 되는 이유, 새벽을 알리는 파수꾼들이 때로 칠흑 같은 어둠 속을 헤매는 이유가 무엇일까?

첫 번째 이유는 그들이 인간이기 때문이 아닐까? 그들은 인간이기 때문에 온갖 약점에 휩싸여 있다. 그들은 슬픔의 상속자들이다. 외경에 나오는 현자는 다음과 같이 잘 말했다.

"어머니의 뱃속에서 나오는 날부터 만물의 어머니에게로 다시 돌아가는 날까지 모든 사람에게 큰 고난이 주어졌고, 아담의 아들들에게 무거운 멍에가 지워졌다. 몹시 슬픈 일들과 죽음의 날에 대한 걱정이 그들의 생각을 혼란스럽게 하고, 마음에 두려움을 불러일으킨다. 영광스러운 보좌에 앉은 자부터 티끌과 재 가운데 앉아 있는 자에게 이르기까지, 푸른 비단옷을 입고 왕관을 쓴 자부터 평범한 옷을 입은 자에게 이르기까지, 분노와 질투와 재난과 불안과 죽음의 공포와 곤궁함이 임한다…그런 일들은 사람과 동물 모두에게 닥치지만 불경한 자들에게는 일곱 배나 더 크게 닥친다."(집회서 40장 1-8절).

은혜는 이 가운데 많은 것들로부터 우리를 지켜주지만, 우리는 더 많은 은혜를 소유하지 못한 까

닭에 예방할 수 있는 불행조차 피하지 못한다. 심지어는 구원을 받은 상태에서도 우리는 온갖 연약함을 감당해야 한다. 만일 그렇지 않다면, 그런 일을 당할 때 성령께서 우리를 도와주실 것이라는 약속이 필요하지 않았을 것이다. 우리는 때로 고통을 당해야 할 필요가 있다. 선한 사람들에게도 이 세상에서 환란이 약속되었다. 특히 사역자들은 주님의 고난받는 백성을 동정하는 법을 배워야 하고, 병든 양들을 돌보는 데 적합한 목자가 되어야 하기 때문에 다른 사람들보다 더 큰 고난을 겪을 수 있다. 육체가 없는 영들이 보냄을 받고 말씀을 전할 수도 있다. 그러나 그들은 육신을 입고 무거운 짐을 짊어진 채 신음하는 사람들의 마음을 파고들 수 없다. 천사들도 복음 전도자가 될 수는 있겠지만, 그들의 초월적 속성은 무지한 자들을 불쌍히 여기기에 적합하지 않을 것이다. 대리석으로 사람들을 만들어낼 수도 있겠지만 그들의 무감각한 본성은 우리의 연약함을 비웃고, 우리의 결함을 조롱할 것이다. 지혜로우신 하나님은 사람, 곧 감정을 지닌 인간을 은혜의 도구로 선택해 슬픔과 당혹감과 우울함을 달래주신다.

더욱이, 우리 가운데 대다수는 이런저런 육체적인 연약함을 지니고 있다. 물론, 일평생 단 하루도 몸져누운 기억이 없다고 말하는 노인이 간혹 있을 수도 있지만, 다양한 형태의 육체적, 정신적 질환으로 고생하는 사람이 대다수를 차지한다. 어떤 육체적인 질병들, 특히 소화기관이나 간이나 비장과 연관된 질병은 의욕을 크게 저하시키는 원인이 된다. 그 영향력을 극복하려고 힘써 노력한다고 하더라도 한동안은 그런 상황에서 빠져나오지 못한 채 시간을 보내야만 한다. 정신적인 질환은 또 어떠한가? 완벽한 정신을 지닌 사람이 과연 있을까? 우리 모두 조금은 균형을 잃은 상태가 아닐까? "우울함이 그들을 자신의 것으로 낙점했다."라는 시구가 암시하는 대로(영국 시인 토머스 그레이의 비가 중 한 구절—역자주), 어떤 사람들은 우울한 정신을 개인적 특성으로 타고났다. 예민한 정신은 고결한 원칙을 따르지만, 빛줄기는 잊고 먹구름만을 보는 성향이 강하다. 그런 사람들은 옛 시인과 함께 다음과 같이 읊조리기 쉽다.

우리의 마음은 무너져내렸고,
우리의 하프는 줄이 풀렸구나.
한숨과 신음만이 우리의 유일한 노래로구나.
우리는 눈물의 가락에 맞춰 노래를 부르고,
초조함으로 인해 앙상하게 야위어 가는구나.[3]

---

3. 토머스 워쉬본의 시 "The Vine Wasted"(1868)에서 인용함.

이런 정신적 약점은 특별한 유용성을 지닌 사람의 경력에 아무런 해가 되지 않을 수도 있다. 심지어는 지혜로우신 하나님이 특별한 사역을 수행하게 할 목적으로 일부러 그에게 그런 정신적 특성을 부여하신 것일 수도 있다. 어떤 식물들은 늪지에서 자라면서 치료 효과를 내는 성분을 흡수하기도 하고, 어떤 식물들은 음지에서 잘 자라는 성질이 있다. 태양은 물론, 달도 유익을 가져다준다. 배에는 돛은 물론, 바닥짐이 필요하다. 마차 바퀴에 걸린 장애물은 내리막길일 때는 조금도 방해가 되지 않는다. 고통도 어떤 경우에는 굴속에 있는 사자처럼 잠에 취해 있는 영혼을 일깨우는 특별한 효력을 발휘한다. 입에 감람나무 가지를 물고 방주로 가는 길을 보여주는 고귀한 비둘기와 같은 역할을 하는 사람들도 날개가 부러지지 않았더라면 제정신이 아닌 채로 구름 속을 헤맸을지도 모른다. 그러나 정신과 육체 속에 낙심에 빠지는 성향이 존재하면, 암울한 순간마다 마음이 그것에 굴복하기 쉽다. 어떤 경우에는 어떻게 일부 사역자들이 여전히 얼굴에 미소를 띤 채 자신의 사역을 계속해서 수행하고 있는지 그저 놀랍기만 하다. 만일 내면의 삶을 기록할 수 있다면 사람들이 그 비결을 볼 수 있을 것이다. 은혜는 여전히 승리를 낳고, 인내는 순교자를 낳는다. 순교자는 존귀함을 받아야 한다. 불길 속에서 순교자의 육체가 아닌 정신이 타고 있기 때문이다. 예레미아의 사역도 이사야의 사역처럼 하나님께 인정받았고, 심지어는 니느웨가 잘 되는 것이 못마땅해 시무룩했던 요나도 주님의 참 선지자였다. 다리를 저는 자들을 멸시하지 말라. 성경은 그들도 재물을 취할 것이라고 말씀한다(사 33:23). 피곤하지만 추격을 멈추지 않는 자들을 존중하라(삿 8:4). 시력이 약한 레아가 아리따운 라헬보다 더 많은 자녀를 낳았고, 한나의 슬픔이 브닌나의 자랑보다 더 신성했다. '슬픔의 사람'이신 주님은 "애통하는 자는 복이 있나니"(마 5:4)라고 말씀하셨다. 애통하는 자들의 눈물에 은혜가 임한다면 그것을 슬픔으로 여기지 않을 것이다. 우리는 질그릇에 복음의 보화를 가지고 있다. 그릇에 여기저기 흠이 있더라도 이상하게 여길 필요가 없다.

II.

우리의 사역을 진지하게 행하면 우울한 감정의 공격에 노출되기 쉽다. 영혼들의 무게를 감당하는 사람들 가운데 이따금 땅바닥까지 낮아지는 듯한 느낌을 받지 않을 사람이 누가 있겠는가? 사람들이 회심하기를 간절히 염원하다가 그런 열망이 온전히 채워지지 않으면 우리의 영혼은 걱정과 실망으로 고갈되게 된다. 희망이 있는 사람들이 길을 잘못 들어서거나 경건한 자들이 냉랭해지거나 죄인들이 더 대담하게 죄를 짓거나 선생들이 특권을 남용하는 것을 보면, 마치 철저하게 짓이겨지는 듯한 느낌이 든다. 그 나라는 우리가 원하는 대로 임하지 않고, 고귀한 이름은 우리가 원하는 대로 거룩히 여김을 받지 못한다. 우리는 이를 마땅히 슬퍼해야 한다. 사람들이 우리가 전하는 말을 믿지 않고, 하나님의 팔이 나타나지 않았는데(사 53:1 참조) 어떻게 슬퍼하지 않을 수 있겠는가? 정신적인 노동은 우리를 지치게 해 의욕을 저하시키는 경향이 있다. 공부를 많이 하면 몸이 피곤해진다. 그러나 우리의 사역은 정신적인 노동을 넘어선다. 그것은 마음의 사역, 곧 가장 깊숙한 곳에 있는 영혼의 사역이다. 주일 저녁에 생명이 우리에게서 빠져 나가는 듯한 느낌이 들 때가 얼마나 많은가! 교인들에게 우리의 영혼을 다 쏟아붓고 난 뒤에는 어린아이조차 쉽게 깨뜨릴 수 있는 텅 빈 토기와 같은 느낌이 들곤 한다. 우리가 바울을 좀 더 닮아 더 고귀한 태도로 영혼들을 보살폈다면, '주의 집을 위하는 열성'(시 69:9)에 사로잡힌다는 것이 무슨 의미인지를 더 많이 알고 있어야 할 것이다. 예수님을 위해 우리의 삶을 온전히 바치는 것이 우리의 의무이자 특권이다. 우리는 잘 보존된 인간의 본보기가 되려고 해서는 안 된다. 우리는 불에 타 재가 될 운명을 지닌 산 제물이 되어야 한다. 우리는 우리 자신을 소중하게 보존하고, 우리의 육신을 잘 돌보려고 해서는 안 된다. 우리는 우리를 아낌없이 내주고 몸 바쳐 일해야 한다. 충실한 목회 사역이 유발하는 영혼의 진통은 이따금 심신을 쇠약하게 해 마음과 육체의 의욕을 크게 저하시킨다. 모세의 손은

중보 기도를 드리는 도중에 차츰 무겁게 처져 내려 왔고, 바울은 "누가 이 일을 감당하리요"(고후 2:16)라고 부르짖었다. 심지어 세례 요한도 의기소침했고, 사도들도 놀라며 몹시 두려워했다.

교회에서 우리가 차지하는 위치도 우리를 그런 상태로 이끄는 데 일조한다. 사역의 준비를 잘 갖춘 사역자는 대개 정신적으로 다른 사람들과 동떨어진 채로 지낼 때가 많다. 교인들 가운데 그와 가장 가까운 사람들도 그의 특별한 생각이나 염려나 유혹에 대해 잘 알지 못한다. 병사들은 많은 동료들과 함께 어깨를 나란히 하고 걷지만, 장교가 되어 계급이 올라가면 서열이 같은 사람들의 숫자가 줄어든다. 병사들은 많지만, 위관 장교는 적고, 영관 장교는 더 적으며, 총사령관은 한 사람뿐이다. 주님이 교회에서 지도자로 세우신 사람도 권위에 있어 우월한 만큼 외롭다. 산꼭대기는 엄숙하게 홀로 서 있으며 하나님이 찾아오실 때 오직 그분과만 대화를 나눈다. 다른 사람들보다 높은 곳에서 하늘의 것들과 좀 더 가깝게 교통하는 하나님의 사람들은 연약해진 순간에 인간적인 동정심을 얻지 못한다. 그들은 겟세마네에 계시던 주님처럼 위로를 구하지만 그들의 주변에 있는 사람들은 모두 잠만 자고 있을 뿐이다. 그들은 자기 형제들의 무관심에 충격을 받고, 자기가 가장 사랑하는 사람들조차도 그저 잠만 자는 것을 보고는 더욱 무거운 짐이 자신을 짓누르는 것을 느끼며 은밀한 고뇌 속으로 다시 빠져든다. 그 고뇌는 다른 사람은 아무도 알지 못하고, 오직 그것을 감내하고 있는 자, 곧 다른 동료들보다 만군의 하나님을 향한 열성이 더 큰 외로운 영혼의 소유자만이 안다. 외로운 영혼의 소유자는 사람들이 자기를 미쳤다고 생각할까 봐 자신의 참모습을 드러내지 못한다. 그러나 그는 자신을 감출 수도 없다. 왜냐하면 그의 뼛속에서 불이 활활 타오르고 있기 때문이다. 그는 오직 주님 앞에서만 안식을 발견한다. 주님이 제자들을 둘씩 짝지어 보내신 이유는 인간의 속성을 잘 알고 계셨기 때문이다. 그러나 내가 생각하기에 바울과 같은 사람은 진정한 협력자를 찾지 못했던 것으로 보인다. 이방인의 사도인 바울이 히말라야산맥의 높은 봉우리와 같았다면 바나바나 실라나 누가는 나지막한 산에 지나지 않았기 때문에 바울 수준의 높은 대화를 지속적으로 나누기에는 역부족이었다. 나의 형제들 가운데 많은 사람이 느끼고 있는 이런 외로움은 우울증이 발생하기 쉬운 원인이 된다. 사역자들이 함께 모여 형제애를 나누고, 같은 생각을 가지고 거룩한 대화를 나눈다면, 하나님의 축복을 통해 그런 올무를 피하는 데 큰 도움이 될 것이다.

앉아서 일하는 습관이 체질적으로 우울증을 유발하는 경향이 있다는 것은 분명한 사실이다. 로버트 버튼은《우울증에 관한 분석》이라는 책에서 한 장을 할애해 이런 형태의 우울증을 다루었다. 그는 많은 기고자 가운데 한 사람의 글을 인용해 이렇게 말했다. "학생들은 자신의 육체에 무관심하지만 다른 직업인들은 자신의 도구를 잘 보살핀다. 화가는 붓을 잘 씻어놓고, 대장장이는 망치, 모루, 용광로를 잘 간수하고, 농부는 쟁기의 날을 고치고, 무뎌진 손도끼를 잘 갈고, 매를 부리는 사람이나 사냥꾼은 자신의 매나 사냥개, 말, 개들을 특별히 보살피고, 음악가는 현악기의 줄을 잘 조정하지만, 오직 학자들은 매일 사용하는 도구(뇌와 정신)를 등한시한다. '끈이 끊어지지 않게끔 너무 세게 꼬지 말라.'는 루카누스의 말은 매우 지당하다."[4] 한 자세로 오래 앉아서 책을 읽거나 글을 쓰는 것 자체로도 심신이 혹사당하는데, 환기도 잘되지 않는 방에서 마음에 큰 부담을 안은 채로 근육 운동을 하지 않고 오랫동안 지낸다면, 부글부글 끓어오르는 우울감의 가마솥을 준비하고 있는 것이나 다름없다. 안개가 자욱해 온통 흐릿한 날이 몇 달 동안 계속될 때, 이를테면 "낮인데도 커튼으로 가린 듯 어둡고, 썩은 숲에서는 물방울이 뚝뚝 떨어지며, 잎사귀가 진흙 속에 처박힐 때"[5]는 특히 더 그렇다.

사람이 천성적으로 새처럼 쾌활하다면 매년 반복되는 그런 자살 행위를 도저히 견딜 수 없을 것이다. 건강하고 즐겁게 살라고 자연은 창문 밖에서 부르는데 그는 공부를 감옥으로, 책을 간수로 삼고

---

4. Robert Burton, *The Anatomy of Melancholy*, first published 1621. 스펄전이 어느 판본을 인용하고 있는지는 불분명함.

5. From "The Vision of Sin" by Alfred, Lord Tennyson, 1842.

살아간다. 야생화 사이에서 벌들이 윙윙거리는 소리, 숲속에서 산비둘기가 우는 소리, 숲속에서 새들이 노래하는 소리, 잔물결을 일으키며 덤불 사이를 흐르는 실개천 소리, 소나무 사이를 지나는 바람 소리를 잊어버린 사람은 영혼이 무거워지고, 마음에서 노래가 사라지더라도 조금도 이상할 것이 없다. 하루 동안 산에서 신선한 공기를 마시거나 그늘이 많고 조용한 밤나무 숲에서 몇 시간 동안 한가롭게 거닐면, 절반만 살아 있는 채로 힘들게 일하는 많은 사역자들의 머릿속에서 퀴퀴한 거미줄이 모조리 사라질 것이다. 바다 공기를 한 모금 마시거나 바람을 맞으며 꼿꼿하게 걷는 것이 영혼을 유익하게 하지는 못하지만, 육체에는 충분한 산소를 공급해줄 것이다.

"공기가 무거우면

마음이 더없이 무거워진다.

바람이 일 때마다

절망이 멀리 날아간다."[6]

고사리와 토끼, 시냇물과 송어, 전나무와 다람쥐, 앵초와 제비꽃, 농장 마당과 새로 자른 건초, 향기로운 홉 열매와 같은 것들은 심기증을 치료하는 가장 좋은 약이고, 쇠약해진 심신을 북돋우는 가장 확실한 강장제이며, 피로를 풀어주는 좋은 원기회복제다. 기회가 없거나 타고난 성향 때문에 이런 좋은 치유책을 무시한다면, 스스로 희생을 자처하는 격이다.

---

6. From "The Rivulet: Contribution to Sacred Song" by Thomas T. Lynch, 1868.

III.

지금까지 내가 경험한 것을 토대로 우울감이 발생하기에 가장 좋은 시기를 몇 가지 언급하면 다음과 같다. 첫 번째는 큰 성공을 거두었을 때다. 오랫동안 바랐던 일이 마침내 이루어졌을 때, 우리의 노력을 통해 하나님이 큰 영광을 받으시고, 큰 승리를 맛보게 되었을 때 깊은 실의에 빠지기 쉽다. 우리의 영혼이 특별한 은총을 받으면 황홀경에 이르러 말로 형용할 수 없는 기쁨을 누릴 것 같지만, 대개는 그와 정반대다. 주님은 자신의 전사들이 승리에 도취되는 위험에 빠지는 것을 원하지 않으신다. 그분은 그들 가운데 그런 시험을 잘 통과할 수 있는 사람이 매우 드물다는 것을 잘 알기 때문에 그들의 잔을 씁쓸하게 하신다. 하늘에서 불이 내려와 바알의 제사장들이 도륙을 당하고, 비가 메마른 땅을 넉넉히 적신 후에 엘리야가 어떻게 되었는지 생각해 보라. 그는 승리의 제복을 입은 정복자처럼 뽐내며 걷지도 않았고, 음악을 들으면서 자축하는 시간을 보내지도 않았다. 그는 이세벨을 피해 도망쳤고, 격한 감정을 이기지 못해 죽기를 구했다. 온 세상의 군주였던 카이사르가 고통의 순간마다 병든 소녀처럼 울부짖었던 것처럼, 죽음을 맛보지 않을 운명의 엘리야가 무덤의 안식을 갈망했다. 애처로운 인간의 본성은 영적 승리가 가져오는 그런 중압감을 감당할 수 없다. 그것에 대한 반작용이 있을 수밖에 없다. 과도한 기쁨이나 흥분감은 뒤따르는 우울한 감정으로 상쇄되어야 한다. 시련이 지속되는 동안에는 위급한 상황에 걸맞는 힘이 발출된다. 그러나 시련이 끝나면 인간의 본성적인 연약함이 다시 제자리로 돌아온다. 야곱은 자신도 모르는 힘이 솟아나 밤새 씨름했지만, 씨름이 끝나고 아침

이 되자 다리를 절어야 했다. 그것은 그가 지나치게 자신을 자랑하지 않게 하기 위한 것이었다. 바울도 셋째 하늘로 이끌려가서 형용하기 어려운 일들에 관해 들었지만, 육체의 가시, 곧 그를 괴롭히는 사탄의 사자가 어김없이 찾아왔다. 인간은 행복만 넘치는 상태를 감당할 수 없다. 선한 사람들조차도 은밀히 자기를 낮추는 과정을 감내함으로써 분수를 지키지 않으면 "자신의 이마를 월계수로 장식하기에" 부적합하다. 회오리바람이 우리를 몰고 가는 듯한 놀라운 부흥의 역사가 일어나고, 인기가 하늘 높이 치솟고, 영혼을 구원하는 일에서 큰 성공을 거두었다면, 강한 동풍으로 우리의 허영의 배를 파선시켜 우리가 벌거벗겨지고 버려진 채로 만세 반석이신 주께 나아가게 하는 은혜로운 훈육의 과정이 필요하다.

큰 일을 앞두고도 어느 정도의 우울감이 찾아오

는 것이 보통이다. 우리 앞에 놓여 있는 어려움을 생각하면, 마음이 덜컥 내려앉을 수밖에 없다. 아낙 자손들이 우리 앞에서 활보하고 있는데 그들 앞에 선 우리는 우리가 보기에도 메뚜기와 같아 보인다. 가나안의 도시들은 하늘에 닿을 듯 높은 성벽으로 둘러싸여 있는데 어떻게 우리가 그것들을 정복하기를 바랄 수 있단 말인가? 당장이라도 무기를 내려놓고 도망치고 싶은 마음이 굴뚝같다. 니느웨는 큰 성읍이다. 그곳의 소란한 군중을 마주하기보다는 얼른 다시스로 도망치고 싶은 마음뿐이다. 우리는 그 끔찍한 광경에서 벗어나기 위해 우리를 조용히 태우고 갈 배를 서둘러 찾지만, 단지 폭풍우에 대한 두려움 때문에 우리의 불충실한 발걸음을 선뜻 옮겨놓지 못할 따름이다.

나도 처음 런던에서 목회자로 일하게 되었을 때 그런 경험을 했다. 나의 성공이 나를 놀라게 했다.

전도양양한 듯 보이는 나의 삶을 생각하니 우쭐한 마음이 들기는커녕 의욕이 크게 저하되었다. "지극히 높은 곳에서는 하나님께 영광이요"라는 말은 전혀 떠오르지 않고, 그저 "나를 불쌍히 여기소서"라는 말만 입에서 튀어나왔다. 내가 누구이기에 이렇게 많은 사람들을 이끌어야 한단 말인가? 나는 내가 살던 마을로 돌아가서 무명인으로 살거나 미국에 이민해서 오지에 홀로 둥지를 틀고 내가 감당하기에 충분한 일만 하며 살고 싶었다. 나의 인생의 막이 올라가고 있는 순간, 앞으로 무엇이 어떻게 전개될지 두려운 생각이 들었다. 나는 내가 충실하지 않기를 바라지는 않았지만, 내가 부적합하다는 생각으로 가득했고, 또 매우 소심했다. 나는 은혜로운 섭리가 나를 위해 준비해준 사역을 두려워했다. 나는 내가 한갓 어린아이에 불과하다고 생각하고, "일어나 산들을 쳐서 겨 같이 만들라"(사

41:15 참조)라는 음성을 들었을 때 잔뜩 겁에 질렸다. 주님이 나의 사역을 위해 큰 축복을 준비하고 계실 때마다 늘 그런 식으로 침울한 마음이 생겨났다. 구름은 흩어지기 전에 하늘을 깜깜하게 하고, 은혜의 소낙비를 쏟아붓기 전에 어둠을 드리운다. 의기소침은 이제 내게는 거친 옷을 입은 선지자, 곧 하나님의 더 풍성한 축복이 임박했다고 외치는 세례 요한과도 같다. 그릇의 찌꺼기와 같은 존재가 주님이 쓰시기에 적합하다. 성령의 세례를 받는 것보다 고난을 겪는 것이 먼저다. 금식을 하면 성찬을 즐길 욕구가 더 강해지는 법이다. 주님은 자신의 종이 양들을 돌보며 홀로 경건하게 기다릴 때 광야의 후미진 곳에서 자기를 계시하신다. 광야는 가나안으로 향하는 길이다. 낮은 골짜기는 높은 산으로 이어진다. 패배는 승리를 준비한다. 까마귀가 비둘기보다 먼저 보내졌다. 동이 트기 직전의 밤이

가장 어둡다. 선원들은 파도에 밀려 깊이 내려갔다가 다음번 파도에 밀려 다시 하늘 높이 치솟는다. 그들의 영혼은 어려움으로 인해 녹아내렸다가 바라던 항구에 도착한다.

오랫동안 끊임없이 일만 해도 그와 똑같은 고난을 겪을 수 있다. 활은 계속 구부리기만 하면 부러진다. 육체에 잠이 필요한 것처럼, 정신에는 휴식이 필요하다. 우리는 안식일에 일한다. 다른 날에 휴식을 취하지 않으면 심신이 지칠 것이다. 심지어 땅도 휴한기가 있고, 안식년이 있다. 우리도 그래야 한다. 주님이 제자들에게 "너희는 따로 한적한 곳에 가서 잠깐 쉬어라"(막 6:31)라고 말씀하신 것은 그분의 지혜요 긍휼이었다. 그런데 언뜻 생각하면, "뭐라고? 사람들이 의기소침할 때, 군중이 목자 없이 산을 떠도는 양들과 같을 때, 예수님이 휴식을 말씀하셔? 서기관과 바리새인들이 극악한 늑

대처럼 양들을 찢어발기고 있는데 제자들에게 한가롭게 조용한 곳에 가서 휴식을 취하라고 말씀하셔? 일부 열성분자들은 현재의 긴급한 필요를 망각한 그런 터무니없는 처사를 비판하지 않을까?"라는 생각이 들 수도 있다. 그러나 그것은 어리석은 헛생각에 지나지 않는다. 주님은 자신의 종들을 기진맥진하게 만들어 이스라엘의 등불을 꺼뜨릴 만큼 어리석지 않으셨다. 휴식 시간은 낭비하는 시간이 아니다. 기력을 회복하는 것은 효율적이다. 풀을 베는 사람은 여름철에 해가 지기 전에 풀을 충분히 베기 위해 열심히 일하다가 잠시 휴식을 취한다. 그런 그가 게으름뱅이일까? 그는 숫돌을 찾아서 '슬근슬근 갈아보세'라고 흥얼거리며 낫을 간다. 그것이 게으른 음악일까? 그것이 귀한 시간을 낭비하는 것일까? 그가 그런 노랫말을 흥얼거리며 낫을 가는 시간에 과연 얼마나 많은 풀을 벨 수 있을까? 그는 자신의 도구를 가는 중이다. 일단 다시 힘을 내서 낫을 힘차게 휘두르면서 풀을 베어 가지런히 늘어놓기 시작하면 훨씬 더 많은 일을 할 수 있다. 이처럼, 잠깐의 휴식도 정신을 새롭게 해 선한 일을 더 열심히 하게 만든다. 어부들은 그물을 수선해야 한다. 우리도 때때로 앞으로의 사역을 위해 소모된 정신을 보충하고, 원기를 회복해야 한다. 휴일이 없는 갤리선의 노예처럼 날마다 노를 젓는 것은 유한한 인간에게 적합하지 않다. 물레방아를 돌리는 물살은 영원히 계속 흐르지만, 우리는 중간중간 휴식을 취해야 한다. 휴식 없이 경주가 계속된다면 숨이 차지 않을 사람이 누가 있겠는가? 심지어 짐을 나르는 짐승들도 때때로 풀을 뜯어야 하고, 바닷물도 밀물과 썰물을 반복하는 법이다. 땅도 겨울철에 안식한다. 하나님의 사자로 일하는 사람도 휴식을 취하지 않으면 심신이 쇠약해진다. 등불의 심지를 다듬지 않으면 불꽃이 약하게 피어오른다. 기력을 회복하지 않으면 일찍 노쇠해진다. 이따금 휴가를 즐기는 것이 지혜롭다. 길게 보면, 때때로 적게 일해야만 더 많이 일할 수 있다. 계속해서 영원히 일만 하는 것은 이 '육중한 흙덩이(육체)'에서 해방된 영혼에 적합하지 않다. 이 장막(육체) 안에 있는 동안, 이따금 잠시 일을 멈추고, 거룩한 휴식과 봉헌된 여가를 통해 주님을 섬겨야 한다. 양심적인 사람 가운데 잠시 마구를 풀어놓고 휴식을 취하는 것이 합법적이지 않다고 말할 사람은 아무도 없을 것이다. 그런 사람은 다른 사람들의 경험을 통해 시기적절한 휴식을 취하는 것이 꼭 필요한 의무라는 것을 깨달을 것이다.

때로는 한 번의 힘든 일이 사역자를 매우 의기소침하게 만든다. 가장 신뢰했던 형제가 배신자로 돌변한다. 가룟 유다는 자기를 믿어준 주님을 뒷발로

차버렸다. 그런 순간에 설교자는 크게 낙담할 수밖에 없다. 우리는 육신의 팔을 의지하려는 성향이 강하다. 그런 성향 때문에 우리는 많은 슬픔을 겪는다. 존경받고 사랑받는 교인이 유혹에 굴복해 자신의 선한 이름을 욕되게 하는 때도 엄청난 충격이 느껴지기는 마찬가지다. 그럴 때면 목회자는 먼 광야로 도망가서 영원히 숨어지내면서 불경한 사람들의 신성모독적인 비웃음을 더 이상 듣지 않기를 바란다. 10년 동안 수고롭게 일하느라 빠져나가는 힘보다 더 큰 힘이 반역자 아히도벨이나 배교자 데마와 같은 사람에 의해 단 몇 시간만에 빠져나간다. 분쟁과 분열과 중상과 어리석은 비방도 종종 거룩한 사람들을 실족시켜 "뼈를 찌르는 칼"(시 42:10)과 같은 고통을 느끼게 만든다. 거친 말투는 성격이 예민한 사람들에게 큰 상처를 준다. 가장 훌륭한 사역자들 가운데는 성품이 매우 고결한 까

닭에 극도로 예민한 사람들이 많다. "말도 움직이지 못할 가벼운 발차기 한 번으로 견실한 목회자를 죽일 수 있다."[7]는 말이 암시하는 대로, 그들은 거친 말에 지나치게 예민하게 반응한다. 우리의 영혼은 싸움의 경험을 통해 불가피하게 거친 타격을 입으면서 단련되는 것이 보통이지만, 그런 말을 처음 들었을 때는 깜짝 놀라면서 큰 어둠의 공포에 휩싸여 집으로 달려간다. 참된 사역자들이 겪는 시련은 적지 않다. 감사하지 않는 신자들 때문에 발생하는 시련은 철천지원수들의 가장 거친 공격보다 견디기가 더 힘들다. 편안한 마음과 조용한 삶을 원하는 사람은 사역자가 될 생각을 해서는 안 된다. 만일 그런 사람이 사역자가 된다면 혐오감을 느끼며 도망치고 말 것이다.

---

7. From William Cowper, "The Yearly Distress," 1779.

아마도 '서리 음악당'에서 처참한 사고가 일어났을 때 내가 겪었던 큰 어둠의 공포와 같은 것을 겪어 본 사람은 거의 없을 것이다. 불행으로 인한 중압감이 감당하기 불가능할 정도로 너무나도 컸다. 큰 소음과 공포와 죽음이 밤낮으로 떠올라 사는 것이 힘들었다. 나는 슬픔 속에서 이렇게 읊조렸다.

> 내 생각이 소란스러우니
> 나의 슬픔만 더 커지누나.
> 내 정신이 활기를 잃고, 내 마음이
> 황량하고, 침울하구나.

두려운 꿈에서 깨어나는 순간, 나의 영혼 안에서 "하나님이 그를 지극히 높여"(빌 2:9)라는 은혜로운 말씀이 떠올랐다. 예수님의 종들이 고난을 겪더라도 그분은 여전히 위대하시다는 사실을 깨닫고 나니 다시 차분한 마음과 평화를 되찾을 수 있었다. 나의 형제들 가운데 누구에게나 그런 끔찍한 재난이 닥칠 수 있다. 따라서 우리는 희망을 잃지 말고 인내하며 조용히 하나님의 구원을 기다려야 한다.

IV.

잇따라 달려왔던 욥의 종들처럼 실망스러운 일들이 연속해서 일어나고, 시련이 점점 커지면, 영혼은 흉한 소식들로 인해 크게 동요하게 되고, 절망감이 들면서 마음의 평화가 모두 사라지고 만다. 끊임없이 떨어지는 물에 의해 돌이 깎여나가는 것처럼, 가장 용감한 정신의 소유자도 시련이 반복되면 불안을 느끼게 된다. 아내가 병들거나 자녀가 죽어 가뜩이나 궁색한 살림살이가 더 궁색해지거나 설교를 들은 청중들로부터 비열한 말을 듣고, 집사들의 반대에 부딪히고, 신자들의 냉랭한 태도를 보게 되면, 우리는 야곱처럼 "이는 다 나를 해롭게 함이로다"(창 42:36)라고 부르짖지 않을 수 없다. 다윗이 시글락에 돌아와서 그곳이 불살라지고, 물건들이 탈취당하고, 아내들이 사로잡혀 간 것을 알았을 때, 그의 군대는 그를 돌로 쳐 죽이려고 했다. 그러나 다윗은 "그의 하나님 여호와를 힘입고 용기를 얻었다"(삼상 30:6). 그가 그렇게 할 수 있어서 참 다행이었다. 만일 그가 산 자들의 땅에서 주님의 선하심을 볼 것을 믿지 않았더라면(시 27:13 참조), 크게 낙심하고 말았을 것이다. 고난이 누적되면 개개의 고난이 주는 중압감이 크게 증폭된다. 고난은 누적될수록 더 강해진다. 그것은 마치 강도 떼처럼 우리의 평화를 사정없이 짓밟는다. 연이

어 몰려오는 파도는 아무리 헤엄을 잘 치는 사람도 견디기가 어렵다. 두 바다가 합쳐지는 장소에서는 항해에 가장 적합하게 만들어진 배도 극심한 곤경을 겪는다. 시련이 밀어닥칠 때 중간중간 숨을 돌릴 시간이 있으면 정신 차려 대비할 수 있지만, 큰 우박이 때리듯 갑작스레 한꺼번에 시련이 밀어닥치면 깜짝 놀랄 수밖에 없다. 마지막에 올려놓은 작은 짐이 낙타의 등을 부러뜨린다. 우리도 최후의 일격을 당하면 그것이 아무리 작아도 한동안은 절망에 빠지기 쉽다.

게다가 재앙이 닥쳤을 때 그 이유를 모르면 그것을 물리치기가 더더욱 힘들어진다. 아무 이유 없이 발생하는 우울증은 아름다운 가락을 울리는 다윗의 수금으로도 쫓아낼 수 없고, 어떤 논리적인 설명으로도 제거할 수 없다. 형태가 없고 막연한데도 모든 것을 혼란스럽게 만드는 절망감과 싸우는 것은 마치 안개를 상대로 싸우는 것과 같다. 특별한 이유 없이 괴로워하는 것은 불합리할 뿐 아니라 죄를 짓는 것처럼 보이기 때문에 그런 상황에 처한 사람은 심지어는 영혼의 깊은 절망으로 인해 크게 괴로워하면서도 그 무엇으로도 자기 자신을 달랠 수 없다. 만일 그런 우울증을 비웃는 사람들이 단 한 시간만 그런 고통을 느낀다면 비웃음이 즉시 동정심으로 바뀔 것이다. 굳은 결심으로 우울증을 극복할 수도 있겠지만, 심신이 모두 약해진 상태에서 어떻게 결심을 다질 수 있겠는가? 이 경우에는 의원과 목회자가 각자의 기술을 한데 합쳐 대처할 수도 있지만, 둘 다 몹시 바쁘기 때문에 그렇게 하기가 어렵다. 이해하기 어려운 방식으로 희망의 문을 걸어 잠근 채 우리의 정신을 암울한 감방 속에 가두어 놓은 쇠 빗장을 제거하려면 하늘의 손이 필요하다. 그 손이 보이면 우리는 바울 사도처럼 "찬송

하리로다 그는 우리 주 예수 그리스도의 하나님이시요 자비의 아버지시요 모든 위로의 하나님이시라 우리의 모든 환난 중에서 우리를 위로하사 우리로 하여금 하나님께 받는 위로로써 모든 환난 중에 있는 자들을 능히 위로하게 하시는 이시로다"(고후 1:3, 4)라고 외치게 될 것이다. 모든 위로의 하나님은 "달콤한 망각의 해독제로 우리의 가련한 가슴에서 마음을 무겁게 짓누르는 요소를 깨끗하게 제거하신다."[8]

시몬은 예수님이 그를 손으로 붙잡으실 때까지 깊은 실의에 잠겨 있었다. 가엾은 아이에게서 나오라는 권위 있는 명령이 내려질 때까지 귀신은 아이를 찢고, 괴롭혔다. 우리가 무서운 공포에 시달리며, 견딜 수 없는 악몽에 짓눌릴 때는 의의 태양(주

---

8. From William Shakespeare, "Macbeth," Act 5, Scene 3.

님)이 떠올라 우리의 어둠 속에서 만들어진 악들을 쫓아내야 한다. 그렇지 않으면 영혼의 악몽을 쫓아낼 수 없다. 우울증에 관한 소책자를 저술한 티모시 로저스와 은혜로운 찬송가를 작시한 시몬 브라운은 주님이 영혼의 빛을 거두시면 인간의 도움이 아무짝에도 쓸모가 없다는 것을 삶의 체험을 통해 확실하게 보여주었다.

만일 누군가가 왕이신 예수님의 종들이 사망의 음침한 골짜기를 그토록 자주 지나가야 하는 이유가 무엇이냐고 묻는다면, 그 대답을 찾기는 그리 어렵지 않다. 이 모든 것은 "이는 힘으로 되지 아니하며 능력으로 되지 아니하고 오직 나의 영으로 되느니라"(슥 4:6)라는 말씀에 요약되어 있는 하나님의 사역 방식을 보여주기 위해서다. 그들은 하나님에 의해 쓰임 받겠지만, 그들의 본질적인 약점은 명확히 드러날 것이다. 위대한 사역자이신 하나님께 돌아가는 영예와 영광은 줄어들거나 다른 누구와 나눌 수 없다. 인간은 자아를 비우고 성령으로 충만해야 한다. 자신이 폭풍우에 날아가는 마른 잎과 같이 무력하다고 느껴야, 강해져서 진리의 원수들을 막아내는 철벽이 될 것이다. 사역자가 교만을 버리는 것은 매우 어렵다. 잇따른 성공으로 항상 즐거워하기만 하는 것은 우리의 연약한 정신으로는 감당하기가 어렵다. 정신이 혼미해지지 않으려면 우리의 포도주에 물을 섞을 필요가 있다. 대중 앞에서 주님을 영화롭게 하는 사람들은 대개는 은밀히 징계를 받거나 특별한 십자가를 짊어져야만 스스로를 높여 마귀의 올무에 걸리는 일을 피할 수 있다. 하나님은 에스겔을 계속 '인자'로 일컬으셨다. 또렷한 눈으로 지극히 큰 영광을 목격한 그는 최상의 영예를 누렸지만, '인자'라는 말이 귓전을 때리자 정신이 번쩍 들었다. 그렇지 않았으면 그는 자기에게 주어진 영예에 흠뻑 취하고 말았을 것이다. 우리의 우울증은 우리의 귀에 우리를 겸손하게 만드는 그런 유익한 메시지를 속삭일 뿐 아니라 우리가 연약하고, 나약하고, 낙심하기 쉬운 한갓 인간에 불과하다는 사실을 상기시켜준다.

하나님은 자신의 종들이 의기소침할 때마다 영광을 받으신다. 그 이유는 그분이 그들을 다시 일으켜 세우실 때마다 그분께 영광을 돌릴 것이기 때문이다. 그들의 믿음은 땅에 엎드러져 있을 때조차도 하나님을 찬양한다. 그들은 더욱 즐겁게 하나님의 신실하심에 관해 말하고, 그분의 사랑 안에 더욱 굳게 머문다. 일부 나이든 설교자들을 통해 알 수 있는 대로, 그런 성숙한 사람들이 되려면 계속해서 자기를 비움으로써 주위에 있는 모든 것들의 허무함과 자신의 무가치함을 깨달아야 한다. 용광로와 망치와 줄을 허락하신 하나님께 영광을 돌려야 한다. 우리가 이 세상에서 고통으로 가득한 삶을 살았기 때문에 하늘은 더할 나위 없이 행복한 곳이 될 것이고, 우리가 고난의 학교에서 훈련을 받았기 때문에 땅은 더할 나위 없이 잘 경작될 것이다.

영혼의 고통 때문에 실망해서는 안 된다는 것이 지혜의 교훈이다. 그것을 이상하게 여기지 말고, 평범한 사역 경험 가운데 하나로 간주하라. 우울증이 보통 때보다 더 심하게 느껴지더라도, 유용한 사람이 되기는 글렀다고 생각하거나 자신감을 잃어서는 안 된다. 왜냐하면 큰 보상이 뒤따를 것이기 때문이다. 적이 발로 우리의 목을 밟고 있더라도, 일어나서 그를 넘어뜨릴 수 있을 것이라는 확신을 가지라. 현재의 짐을 과거의 죄, 미래의 두려움과 함께 주님께 온전히 맡기라. 주님은 성도들을 결코 버리지 않으신다. 심리 상태나 감정을 신뢰하지 말라. 많은 감정보다 적은 믿음에 더 주의를 기울이라. 오직 하나님만을 신뢰하고, 갈대와 같은 인간의 도움을 의지하지 말라. 친구들이 실망을 안겨주어도 놀라지 말라. 이 세상에는 실망스러운 일이 가득하다. 인간의 불변성을 믿지 말라. 실망할까 겁내지 말고 당연히 변덕스러울 것이라고 생각하라. 예수님의 제자들은 그분을 버렸다. 우리를 따르는 자들이 다른 선생들에게로 가더라도 놀라지 말라. 그들이 우리와 함께 있다고 해서 다 우리의 것이 아니고, 우리를 떠났다고 해서 다 우리에게서 멀어진 것은 아니다. 촛불이 타고 있는 동안, 모든 힘을 다해 하나님을 섬기라. 그러면 촛불이 한동안 꺼졌을 때 후회할 일이 덜할 것이다. 무명인이 되더라도 만족하게 여기라. 왜냐하면 그것이 우리가 지닌 본래의 가치이기 때문이다. 우리의 무가치함이 우리의 의식을 고통스럽게 짓누를 때는 주님이 아닌 다른 곳에서 충만해지기를 꿈꾸었던 우리 자신을 나무라야 한다. 현재 주어진 보상으로 만족하고, 기업의 보증으로 주어진 것에 감사하며, 나중에 보상으로 주어질 기쁨을 기대하라. 눈에 보이는 결과가 나타나지 않을 때는 갑절의 노력을 기울여 계속 주님을 섬기라. 아무리 어리석은 바보라도 빛 가운데서 좁은 길을 걸어갈 수 있다. 믿음의 진귀한 지혜를 간직하고 있으면, 어둠 속에서도 한 치도 틀리지 않고 정확하게 걸어갈 수 있다. 그 이유는 믿음이 위대한 인도자이신 주님의 손을 붙잡고 있기 때문이다. 이 세상에서 천국을 향해 가는 동안, 많은 시련을 겪겠지만 모든 것이 언약의 머리이신 주님의 허락하에 일어난 일이다. 무슨 일이 있더라도 하나님이 우리에게 가라고 부르시는 그 길에서 벗어나서는 안 된다. 아름답든 불결하든 강단은 우리의 망대이고, 사역은 우리의 싸움터다.

하나님의 얼굴을 볼 수 없을 때에도 그분의 날개 그늘 아래에 있다는 것을 의심하지 말고 우리의 본분을 다해야 한다.